AF448062

ÓSCAR FLORES LÓPEZ

VALORES
TOMO 1

ERANDIQUE

COLECCIÓN

VALORES TOMO 1
ÓSCAR FLORES LÓPEZ

©Colección Erandique
Diseño: Ivis Romero
Diseño de portada: Ivis Romero
Administración: Tesla Rodas—Jessica Cordero
Director Ejecutivo: José Azcona Bocock
Primera Edición
Tegucigalpa, Honduras—Marzo 2026

Editorial

Por Óscar Flores López

Queridos niños de Honduras: ¿Qué hacen ustedes si se encuentran un dinero tirado en el patio de la escuela? ¿Lo toman y lo meten en su pantalón, o se lo dan a la maestra para que encuentre al dueño?

¿Si alguien les hace un favor, dan las gracias? ¿Saludan con un "buenos días" a los demás? ¿Son responsables con sus tareas?¿Colaboran con sus papás o abuelos en los quehaceres de la casa?

Nuestro amigo el Diccionario dice: "los valores son principios, virtudes o cualidades que guían a las personas, determinando lo que se considera correcto. Son como una brújula que nos orienta en la toma de decisiones, el comportamiento y las actitudes".

En el Tomo I de Erandique Valores aprenderán sobre la cortesía, la honestidad, la gratitud, el esfuerzo, el orden, el perdón, la lealtad y muchos más. También encontrarán nombres de personas y de lugares escritos en **NEGRITAS.** Los invito a que investiguen y descubrán quiénes son.

No se diga más... ¡A disfrutar y a aprender!

Tabla de contenidos

LA CORTESÍA

"¡TOME MI ASIENTO, SEÑORA!"

"Carrizal-Mercado, Carrizal-Mercado, suba, suba". El autobús que Axel tomó esa mañana para ir a la escuela se llenó a los pocos minutos.

—Beee, beee —se escuchó de repente. Y luego—: Kikirikí, kikirikí.

¿Qué era eso? ¡Dos cabras y una gallina iban entre las personas! Así de locas son algunas cosas en **TEGUCIGALPA.**

Axel estaba cómodamente sentado cuando de repente vio a una señora de pie que se apoyaba en un bastón. Y como no había ningún asiento libre, se agarró de un tubo para no caerse.

Los hombres y mujeres que iban sentados voltearon a ver hacia los lados o simularon que veían el celular para no ceder su espacio.

Pero Axel (de once años) no iba a "hacerse el loco", es decir, el desentendido.

Mientras el autobús pasaba frente al Estadio Nacional CHELATO UCLÉS, en Tegucigalpa, cerca de la FERIA DEL AGRICULTOR, el niño recordó la tarde en que viajaba con su abuela, y ella, entre tantas historias y consejos, le dijo:

—Hijo, la cortesía es un gesto que no cuesta nada... pero vale muchísimo.

Axel se puso de pie, se acercó a la señora del bastón y con amabilidad le dijo:

—Tome usted mi asiento, por favor.

Ella lo contempló con sorpresa y dulzura.

—Gracias, mi niño. ¡Qué caballeroso eres! Mucho gusto, me llamo ARGENTINA DÍAZ LOZANO.

Axel sonrió con la satisfacción que produce una buena acción. Muchos pasajeros lo quedaron viendo con respeto y admiración.

REFLEXIÓN FINAL

La cortesía es un acto de atención, respeto o afecto por los demás. Un "por favor" o un saludo ayudan a hacer del mundo un mejor lugar. ¡Te invitamos a que hagás todos los días pequeños actos de cortesía!

EL RESPETO

Como todos los viernes a las 10 de la mañana, en el quinto grado de la Escuela **MARCO AURELIO SOTO** de San Juancito, antiguo enclave minero, era la hora del control de lectura. A Camilo le sudaban las manos.

A sus nueve años, leía despacito y con cierta dificultad. Las palabras se quedaban atoradas en su garganta; era como sacar oro de las profundidades de la mina.

—Vamos a leer en voz alta —dijo la maestra—. A cada uno le tocará un párrafo.

Camilo sintió que un enorme vacío se abría a sus pies.

"Esta historia es sobre el **CACIQUE LEMPIRA,** el primer héroe que tuvo Honduras. Ocurrió allá en las montañas del Occidente de Honduras", leyó Fernando.

Ahora era el turno de Camilo.

—El… el… ca… ca… cique Lemmmm… pi… pi… ra defen… dioooooo a su… su…
—Camilo leyó con dificultad.

"Ja, ja, ja", se carcajearon algunos de sus compañeros. La maestra iba a intervenir, pero no hizo falta… ¡Allí estaba **CLEMENTINA SUÁREZ!**

—¡Respeten, no se rían! Camilo está haciendo su esfuerzo y es de admirar que no se da por vencido. Dejen que Camilo termine de leer, por favor.

Clementina se puso de pie, se acercó a Camilo y puso una mano sobre uno de sus hombros y la otra sobre la espalda para darle ánimo.

—…su gente con bravura y honor y demostró su amor por su tierra y su forma de vida, dejándonos un bello ejemplo a imitar.

¡Camilo lo había logrado! Con orgullo, levantó la cabeza y sonrió. Ya no sudaba…

REFLEXIÓN FINAL

Cuando respetamos, sembramos confianza, abrimos caminos al entendimiento y construimos un mundo más justo. Siempre hagamos con los demás como nos gustaría que ellos hagan con nosotros.

BANCO F ESTEAF DE FLYME
CINCO NU
LINPIRAY
50
50

LA HONESTIDAD

Una tarde, mientras caminaba por el patio de la escuela en el **PUEBLO GARÍFUNA** de **COROZAL,** en el Caribe de Honduras, **KENNY CASTILLO** se encontró cincuenta lempiras. Primero se puso feliz, pero después recordó el consejo de su papá: "Lo que no es tuyo, aunque lo encontrés, no te pertenece". Pero la tentación de agarrar el billete de cincuenta lempiras lo sacudió. Con esa cantidad se podía comprar un fresco y unos churros.

Esperó un rato a ver si alguien lo reclamaba. Nada. Se fijó en el rostro de un personaje en la parte de enfrente del billete: **"JUAN MANUEL GÁLVEZ",** leyó.

—¡Bah! —soltó finalmente—. ¡Este billetío no tiene dueño!

Cerró el puño con fuerza.

¿Qué fácil, verdad? Pues no. Había llegado el momento de tomar una decisión… y no era cualquier decisión.

Kenny caminó hacia la oficina de la dirección de la escuela. Tocó la puerta.

—Pasá, Kenny, pasá, ¿qué te trae por aquí? —preguntó la directora.

—Maestra —dijo—, encontré este billete en el patio.

La directora lo miró con sorpresa.

—Gracias, Kenny. ¡Veo que todavía queda gente honesta en Honduras! Lo voy a guardar; seguramente el dueño aparecerá.

Minutos después, una niña de segundo grado entró a la dirección. Lloraba.

—Buenas tardes, señora directora… ¡Perdí mis cincuenta lempiras!

—Aquí están —le dijo la directora, mientras abría una gaveta y sacaba el billete de cincuenta lempiras.

Kenny vio salir a la niña y sonrió con satisfacción. El corazón le latía con fuerza: bum, bum, bum, bum. Era de orgullo.

REFLEXIÓN FINAL

La honestidad es decidir lo correcto aunque nadie nos vea. Es una fuerza invisible que crece dentro de nosotros y brilla más que cualquier tesoro. ¿Vos qué hubieras hecho si te encontrás esos cincuenta lempiras?

LA RESPONSABILIDAD

Allá en L**A ESPERANZA,** departamento de Intibucá, vive **BERTA CÁCERES**, una niña lenca. Le encanta contemplar las montañas, escuchar el sonido del río o a los animales del bosque, y cuando ve basura tirada en el camino, la levanta y la echa donde corresponde: en el basurero.

Solo hay un pequeño problema... ¡Muchas veces se le olvidan otras cosas importantes y por eso se mete en problemas!

—¿Berta, trajiste la tarea? —pregunta la maestra.

—¡Ups! Se me quedó en la casa... o en la pulpería, o dónde... ¡Ay, no sé! —respondía con carita de aflicción.

Esa mañana, la maestra hizo el siguiente anuncio: "Cada uno va a cuidar una planta durante dos semanas. Al final veremos los resultados".

—Berta: como te encanta la naturaleza, sé que la cuidarás —le dijo.

Y así fue los primeros días: la regaba, le hablaba, la dejaba al sol. El domingo, sin embargo, fue a jugar con las vecinas. El lunes fue a la escuela y, cuando regresó, no se acordó de la planta. Y así ocurrió el resto de los días.

Una mañana, de repente, cuando la vio, sintió tristeza, pues la tierra estaba seca, las hojas tristes, el tallo delgado...

Cuando la maestra le preguntó por la planta, Berta dijo la verdad: "No cuidé la planta como se debía. Se me olvidó".

—No la cuidé como debía —siguió lamentándose—. Lo siento. No volverá a suceder. ¡A partir de hoy seré responsable con todas mis cosas!

La maestra la miró con respeto: "Berta: gracias por tu integridad".

Berta cuidó la planta con cariño y a los pocos días vio los resultados.

REFLEXIÓN FINAL

La responsabilidad no se trata de ser perfecto, sino de hacerse cargo de aquellas tareas que nos tocan en el hogar o en la escuela. ¿Qué responsabilidades tenés? ¿Estás cumpliendo con ellas?

EL
MINERD
· FELIZ

LA GRATITUD

El niño que ven en la imagen se llama Mateo. Vive en la colonia Planeta, entre **LA LIMA** y **SAN PEDRO SULA,** en el departamento de Cortés. Si algún día vas por esos lados, verás plantaciones verdes: son los campos bananeros.

¿Por qué creés que está contento? ¿Tendrá algo que ver la caja con un par de zapatos que sostiene en sus manos? Ya veremos...

El viernes, después de clases, Mateo saludó a su mamá con un beso. En su cuarto había una caja sobre su cama.

—¡Mamá! ¿Qué es esto? —preguntó.

—Abrila, hijo mío —respondió la madre.

El niño abrió la caja. ¡Adentro había un par de tacos nuevos para jugar fútbol! Se quedó en silencio unos segundos, sorprendido.

—¿Y esto, mamá?

—Tu tía Francisca te los trajo. Dijo que es un regalo porque sos un niño respetuoso y cariñoso.

—¡Wow! ¡Qué pinta (bonitos) están! —dijo.

—¿Y qué se hace cuando alguien es amable con nosotros o nos regala algo?

—¡Ser agradecidos, mamita! —respondió Mateo.

Le pidió el celular a su mamá y llamó a su tía.

—¡Tía, tía, muchas gracias por los zapatos! Le estoy muy agradecido. ¡Gracias! Ahora podré meter muchos goles como **CARLOS PAVÓN.**

Luego, Mateo regresó a su cuarto, cerró la puerta y allí, en silencio, imaginó que el día que estrenara los tacos anotaba un hat-trick (tres goles).

REFLEXIÓN FINAL

La gratitud es reconocer el valor de lo que recibimos, por pequeño que parezca. Es decir "gracias" con palabras, con gestos y con el corazón. ¿Cuándo fue la última vez que diste las gracias?

EL ESFUERZO

LA MOSQUITIA es un tesoro que tiene **HONDURAS.** Queda lejos de las ciudades y solo se puede llegar en avión, en pipante o por caminos difíciles de sortear. Sus selvas, su flora, su fauna, sus ríos, la convierten en una riqueza única.

Hoy quiero contarte sobre **LEROY WOOD,** un niño miskito que camina dos horas todos los días de su casa a la escuela. Cuando llueve, sus pies quedan atrapados en el lodo; en los días de sol, el calor aprieta y le provoca sed y sudor.

De una casa de madera con pilotes sale la canción de **GUILLERMO ANDERSON:** "Miskita linda, te sigo buscando, miskita linda, aquí estoy llorando"…

Algunos de sus compañeros de escuela llegan en moto; otros, en carros.

—Leroy, ¿no te cansás de esas grandes pinceleadas (caminadas) que das? —le preguntan.

—Sí, claro que me canso —responde—, pero vale la pena esforzarse. Nada es gratis en la vida y yo me esfuerzo para ser buen alumno y salir adelante.

El jueves hubo examen de Matemáticas. Los alumnos lo encontraron complicado de resolver.

—Ay —suspiró alguien—. Me la he pasado todos los días en el celular viendo redes sociales. No estudié nada.

¿Y Leroy? Él sí había estudiado. Incluso, algunas veces, cuando debía detenerse para protegerse de la lluvia, se sentaba debajo de un árbol y se ponía a estudiar.

Al día siguiente, la maestra, al momento de entregar las notas, dijo:

—La mejor nota fue de un niño que tiene todo para quejarse y desanimarse y nunca lo hace. Felicidades, Leroy, porque nunca te rendís ni te quejás.

A Leroy le brillaron los ojos. Las noches que estudió a la luz de una candela habían dado sus frutos: 97 por ciento.

REFLEXIÓN FINAL

El esfuerzo es seguir aunque cueste y duela. Cada paso firme, por pequeño que sea, te acerca a donde querés llegar. ¿Qué esfuerzos realizás cada día? ¿Cómo te sentís cuando te esforzás?

LA VALENTÍA

En la Escuela Lempira de **COMAYAGÜELA** se celebraba el certamen de canto... Milagros había practicado durante varias semanas, pero eso no impedía que el miedo desapareciera.

El cuerpo se le llenaba de nerviosismo cuando se imaginaba sobre el escenario, con el micrófono en la mano. Su abuela sabía lo que le pasaba a la niña, así que se sentó con ella en el comedor y le dijo:

"Sé que estás nerviosa, que tenés algo de miedo, pero eso es normal. No es malo sentir miedo, porque eso nos pone en alerta y nos ayuda a prepararnos para ser mejores, a esforzarnos para superar el temor. Lo malo está en no hacer nada y permitir que el miedo te domine. Respirá profundo y confiá en tus habilidades".

—¿Quién quiere ser el primero y dar un paso al frente? —preguntó la maestra de ceremonias. El patio de la escuela estaba lleno de público.

Las palabras de la abuela retumbaban en su cabeza: "Respirá profundo, mijita, sacudite ese miedo y cantá y sé feliz".

Milagros levantó la mano:

—Yo... yo quiero intentarlo.

Subió al escenario y comenzó a cantar El Bananero, de la compositora **LIDIA HANDAL:**

"Con mi carreta vengo llegando, de allí nomás de Guaruma Dos, con mi carreta que van tirando, mis cuatro bueyes confiando en Dios".

Milagros se sintió libre de miedo y su voz voló con libertad. La gente aplaudió.

¡Milagros, al conquistar el miedo, se convirtió en vencedora!

REFLEXIÓN FINAL

Tener miedo no está mal. Es humano. Lo importante es no dejarnos vencer por él. Orar, cerrar los ojos y confiar en nuestras habilidades siempre ayudan. ¿Cuándo fue la última vez que tuviste miedo y cómo lo venciste?

LA PUNTUALIDAD

A **AMADO GUEVARA** le encantaba jugar fútbol. Tenía una derecha fuerte y era inteligente en sus decisiones. Por eso, los demás le pasaban el balón.

Solo había un pequeño problemita: siempre era el último en llegar.

—¡Amado! Ya vamos por la mitad del juego… ¡Otra vez llegás tarde! —le gritaban los amigos.

Él llegaba corriendo, con la camiseta mal puesta, el pelo despeinado y los tacos en las manos.

Muchas veces solo podía jugar unos pocos minutos. Eso le provocaba tristeza.

Eso también le pasaba en el equipo de fútbol de la escuela. El profesor le dijo: "Sos muy bueno, pero si seguís llegando tarde no te tomaré en cuenta".

Esa noche, habló con su papá:

—¿Cómo hacés para llegar a tiempo a todas partes?

El papá sonrió: "El secreto no es correr… es prepararse con tiempo y no dejar las cosas para último minuto. También podés hacer una lista en tu cuaderno de los compromisos que tenés que cumplir todos los días".

Luego le regaló un viejo reloj despertador, rojo y redondo, como una pelota.

Desde entonces, Amado preparaba su uniforme la noche anterior, limpiaba sus tacos y ponía su despertador media hora antes. El domingo siguiente, llegó a la cancha antes que todos. Cuando sus amigos llegaron, lo encontraron sonriente.

—¡Hoy sí, Amado! —gritaron—. ¡Con vos vamos a ganar!

Ese día, Amado se lució y fue el mejor. Y por primera vez se sintió parte del equipo, desde el primer minuto.

REFLEXIÓN FINAL

La puntualidad es respeto por los demás y con nosotros mismos, compromiso y amor por lo que hacemos. ¿Y vos, estás llegando a tiempo a tus actividades? Si no es así, te invitamos a mejorar.

LA PERSEVERANCIA

Desde muy pequeño, a **SANTOS ARZÚ QUIOTO** le fascinaba pintar. Los dibujos no siempre le salían como él deseaba, pero no se dejaba vencer por la frustración. Muchas veces rompía los papeles, los lanzaba al cesto de la basura y volvía a comenzar.

"No me gusta cómo me está quedando", se decía, y lo intentaba de nuevo hasta quedar satisfecho.

Cuando iba para la escuela, dibujaba trazos imaginarios en el aire.

—Ha de estar loco —pensaban algunos cuando lo observaban.

Pero Santos no estaba loco. Simplemente aprovechaba cualquier momento para pintar... incluso sin pinceles.

Santos no salía a los recreos, seguía pintando, esta vez sobre las hojas en blanco de sus cuadernos. Quería ser como aquellos grandes maestros que admiraba: **PABLO ZELAYA SIERRA** o **JOSÉ ANTONIO VELÁSQUEZ.**

Así pasaban las horas, muchísimas horas, en las que seguía perseverando para mejorar los trazos de sus dibujos. Pintaba, corregía, pintaba, corregía...

Con la práctica, con su constancia, con su perseverancia, aquellos trazos inseguros se transformaron en líneas firmes, y bellos dibujos empezaron a cobrar vida. Sus maestros y compañeros, e incluso algunos familiares que antes no entendían su dedicación, comenzaron a admirar sus obras de arte.

Con el tiempo, Santos Arzú Quioto llegó a convertirse en uno de los grandes pintores hondureños. Hoy, sus pinturas son admiradas en el mundo.

REFLEXIÓN FINAL

"Quien persevera... alcanza". Aunque hayamos nacido con algunos talentos, debemos practicar con constancia para mejorar y corregir. ¿Te das por vencido fácilmente o luchas hasta conseguir tu objetivo?

ESPACIO
DEL
ORDEN
Ldpices
Tijeros

EL ORDEN

En la escuela JOSÉ MARÍA TOBÍAS ROSA de Ilama, Santa Bárbara, era común escuchar las siguientes frases:

—¡Maestra! Se me perdió el sacapuntas.

—Señora directora... ¡Mi regla desapareció otra vez!

—¡Ay, noooo, no encuentro mi cuaderno de dibujo!

El desorden también se podía ver en el patio, ya que los alumnos tiraban papeles, bolsas o cajas de jugos...

A VISITACIÓN PADILLA, una de las maestras de la escuela, se le ocurrió una idea: crear el Club del Orden. Y así lo anunció:

—El Club del Orden se encargará de recoger los objetos que queden tirados y los colocará en una gran caja. Los lunes y viernes nos encargaremos de la limpieza.

—Al final del día anunciaremos los objetos encontrados. ¡Seremos la escuela más ordenada de todas! —señaló Valeria, que hacía de organizadora.

—¡Encontré mi marcador! —decía uno.

—¡Gracias por encontrar mi lonchera! —gritaba otra.

Una tarde llegó una delegación encabezada por el señor ministro de Educación.

"¡Qué escuela tan ordenada y limpia, los felicito!", dijo.

Todos los niños sonrieron con satisfacción por el deber cumplido.

—¡Niños, estoy orgullosa de ustedes! —dijo la maestra—. La escuela tiene otra cara. Han hecho las cosas con alegría y buen ánimo. Gracias al Club del Orden, ahora somos responsables, eficientes, productivos y organizados.

REFLEXIÓN FINAL

El orden es un valor que se aprende en casa y que nos acompañará toda la vida. Ser ordenado produce orgullo, habla bien de nosotros y muestra respeto por los demás. ¿Ayudás con el orden en tu casa y en la escuela?

LA DISCIPLINA

Desde pequeño, a **SALVADOR MONCADA** le gustaba leer. Primero comenzó con las Fábulas de **LUIS ANDRÉS ZÚNIGA** (¿las has leído?), y siguió con grandes clásicos como Sandokán, La isla del tesoro, La vuelta al mundo en 80 días, Huckleberry Finn y muchas obras más que despertaron su curiosidad e imaginación. Ah, sin olvidar las historias de Julio Verne.

Su vida cambió cuando descubrió libros científicos, y en sus cumpleaños y Navidades les pedía a sus padres un microscopio, tubos de ensayo, recipientes para mezclar líquidos, frascos y modelos moleculares.

Una tarde, un tío lo sorprendió obsequiándole una bata blanca, como la que usan los científicos.

Salvador utilizaba refrescos de colores (uva, naranja, banana y fresa) para elaborar sus pócimas.

—Papá, mamá, ¿me pueden comprar un afiche de Einstein y otro del sistema solar? —pidió el pequeño Salvador. Sus padres llegaron al día siguiente con ambos "pósteres".

Salvador apuntaba todos sus avances y descubrimientos en una libreta. También era estudioso y dedicado, por lo que siempre destacaba en la escuela. Gracias a su disciplina y pasión por la investigación y el estudio, alcanzó las mejores notas en la escuela. Su familia estaba orgullosa de él.

Lo primero que hacía cada mañana después de despertarse era arreglar su cama. Era un hábito que le permitía comenzar con el pie derecho. Después de la escuela, dedicaba unas horas a repasar sus lecciones antes de entregarse a sus experimentos. Jamás dejaba sus materiales desordenados: limpiaba cada frasco, guardaba sus instrumentos y anotaba con detalle cada resultado.

REFLEXIÓN FINAL

La disciplina es la capacidad de actuar con constancia, orden y compromiso para alcanzar metas, incluso cuando no hay motivación. ¿Has sido disciplinado en los últimos meses? ¿Podés dar un ejemplo?

LA SOLIDARIDAD

Una tarde, **LUCILA GAMERO** caminaba por las calles de **DANLÍ.** Su mochila, como siempre, iba repleta de libros. Le encantaba leer. No había en la ciudad alguien que leyera más que ella.

Lucila salía de la escuela cuando empezó a llover.

No era una llovizna cualquiera. Eran gotas gordas, alegres, saltando por todos lados.

Ella tenía paraguas.

Pero su amiga Lía no.

Lía temblaba bajo el techo del portón, con su mochila abrazada y el cabello pegado al rostro.

Lucila la vio y dudó... Sabía que, si compartía su paraguas, se mojaría un poco.

Pero entonces recordó algo que había escuchado una vez en una charla de la escuela:

—La solidaridad es mojarte un poco... para que alguien no se empape del todo.

Así que dio un paso adelante y abrió el paraguas.

—Venite, Lía —dijo sonriendo—. Vamos juntas.

Caminaron apretaditas, esquivando charcos y riendo como si compartieran un secreto.

Ambas llegaron con los zapatos mojados... pero con el corazón sequito y contento.

REFLEXIÓN FINAL

La solidaridad es compartir lo que tenemos o, simplemente, ayudar. Acompañar a otro para que su camino se haga más fácil... aunque el nuestro se ponga un poco más difícil. ¿Has sido solidario últimamente?

UAERs
OLÍMPIA
Banco
Atlântida
DIUNSA

LA AMISTAD

DAVID SUAZO y **CÉSAR OBANDO** son vecinos. También van a la misma escuela, la **JOSÉ CECILIO DEL VALLE,** y están en cuarto grado. ¡Incluso cumplen en junio! Parecen demasiadas coincidencias, ¿verdad?

Casi como almas gemelas, de no ser por un pequeño detalle: David es hincha del Olimpia y César del Motagua, dos equipos rivales con sedes en Tegucigalpa.

—¡El Olimpia es mejor! Somos los que más campeonatos tenemos —dice David.

—Pero en las finales, nosotros les hemos ganado más veces —responde César.

A pesar de eso, y a diferencia de muchos adultos, ambos amigos nunca permiten que esa diferencia los enoje o distancie. Son tolerantes hasta en la derrota.

—En la próxima les vamos a ganar —se les escucha decir.

—En la próxima volveremos a derrotarlos —es la respuesta.

Es común encontrarlos caminando por las calles del barrio, platicando alegremente no solo de fútbol, sino también de la escuela, de sus programas favoritos de televisión, de travesuras, de la familia...

Pero el fútbol es el tema principal.

—Nos ganaron de pura casualidad —dice uno de ellos.

—Tenés que aceptarlo, este año, como siempre, tenemos mejor equipo.

—¡Estás loco!

—Un poquito nada más... ¿Qué decís si mejor nos echamos un partido?

—¡Por fin se te ocurrió una buena idea!

REFLEXIÓN FINAL

La amistad no necesita que seamos iguales. Basta que nos respetemos y que seamos tolerantes. Aunque nos gusten distintas cosas, la amistad supera las diferencias. ¿Nos podés contar de tus mejores amistades?

LA COOPERACIÓN

Muy temprano, cuando el sol parecía rozar el mar frente a **SAN JUAN,** en **TELA,** en el Caribe de Honduras, **CRISANTO MELÉNDEZ** se despertó y frotó sus ojos para despabilarse. Ese día le tocaba acompañar a su abuelo a la playa.

—Ayer hubo luna llena —dijo el abuelo—. Las redes van a estar cargadas de peces.

Crisanto caminó descalzo sobre la arena tibia. El mar cambiaba de colores, como si en sus profundidades hubiera habitado una familia de camaleones. Luego subieron al cayuco y se adentraron varios metros. Se detuvieron.

—¿Listo, Crisanto? —preguntó el abuelo.

—Sí —respondió el nieto.

Ambos lanzaron la red al mar, esperaron un rato y comenzaron a jalar.

El abuelo tiraba de un lado, Crisanto del otro. A doscientos metros, en casa de la familia Meléndez, la abuela cocía yuca y preparaba casamiento (arroz y frijoles).

—¡Fuerza, Crisanto, fuerza! —animaba el abuelo.

Colocaron la red sobre el cayuco y, asombrados, contemplaron la pesca. Remaron hasta la orilla y tiraron la red. ¡Decenas de peces brincaban con desesperación!

Poco a poco, los peces plateados comenzaron a brillar sobre la arena.

—¡Lo logramos, abuelo! —dijo Crisanto, y el abuelo soltó unas palabras en garífuna.

Significaban: "Las cosas en la vida son como las redes: cada hilo coopera y eso permite lograr el objetivo. Aunque sos pequeño, no lo hubiera logrado sin tu ayuda".

REFLEXIÓN FINAL

Cooperar es compartir el esfuerzo, unir fuerzas, aprender con el otro. Cuando cooperamos, no solo logramos más... también tejemos lazos que nos sostienen. ¿Cooperarás con tus padres, en la escuela o en la iglesia?

LA GENEROSIDAD

En la ciudad de **GRACIAS, LEMPIRA,** a los pies de la montaña de **CELAQUE,** hay días en que hace bastante frío, en especial por la mañana y en la noche. Hoy es uno de esos días y resulta que a **ARTURO MEJÍA NIETO,** en el apuro por llegar temprano a la escuela, se le olvidó la sudadera.

En el patio de la escuela se encontró a **FROYLÁN TURCIOS,** quien llevaba puesta una sudadera que lo protegía del frío.

—¿No trajiste suéter? —preguntó Froylán.

La cara de Arturo lo dijo todo.

Otros alumnos escucharon la conversación, pero ninguno estuvo dispuesto a quitarse la sudadera o la chumpa. Froylán sí.

—No te preocupes —dijo, y sin pensarlo dos veces se quitó la prenda y se la dio a Arturo.

—No, no, no puedo aceptarla. Es mi culpa... yo veré cómo soluciono este problema en el que me metí por descuidado.

Pero el corazón de Froylán no entendía de razones cuando se trataba de ayudar al prójimo. Y esta vez no iba a ser la excepción.

—¡Ponétela! Yo voy a jugar fútbol y así agarro calor rápido. ¡Nos vemos y no te preocupés por devolverme la sudadera, porque es tuya!

Y así fue. Froylán salió corriendo hacia la cancha de fútbol y no le dio tiempo a Arturo de reaccionar.

Ese día, en la escuela, muchos hablaron de la generosidad de Froylán, pero él no le dio importancia porque no lo había hecho para ganarse el reconocimiento de los demás, sino simple y sencillamente porque así se lo dictó el corazón.

REFLEXIÓN FINAL

Ser generoso no es dar porque sobra; es dar porque uno siente que el otro lo necesita. Y cuando eso sucede, el corazón para las antenas y nos llama a la acción. ¿Qué hacés cuando alguien necesita ayuda?

LA LEALTAD

JUANITA PAVÓN Y BRUNO

Sonó la campana del recreo y los niños de la escuela **FRANCISCO MORAZÁN** de **SAN MARCOS DE CHOLUTECA** salieron corriendo al patio para jugar.

JUANITA PAVÓN echó un vistazo y vio a Bruno, el perrito de muchos años que cada mañana se metía a la escuela. Nadie sabía de dónde venía ni quiénes eran sus dueños. Simplemente llegaba.

Juanita lo llamó y Bruno se acercó, moviendo la cola. Su amiga le dio una galleta. En eso se apareció Laura.

—En lugar de estar con ese perro tan feo, ¿vamos a jugar? —le dijo.

—No es feo. Es Bruno —respondió Juanita, mientras lo abrazaba.

Laura sacó una fotografía de uno de los bolsillos de su falda. Era la foto de su perrita, blanca y colocha, como un pedazo de algodón.

—Mi mamá dice que parece de revista.

—Sí, es hermosa. Te felicito —respondió Juanita.

Varias niñas se acercaron.

—Vamos a jugar —gritaron. Juanita sobó a Bruno y le dijo:

—Solo juego un rato y ya regreso.

Todos se divirtieron. Llegó la hora de regresar al aula. Juanita abrazó a Bruno con cariño. Bruno movió la cola y se dirigió a la salida, pero antes de salir, se volteó y dejó escapar una mirada de gratitud que también quería decir: "Mañana regresaré".

REFLEXIÓN FINAL

Ser leal es saber que la amistad no se vende ni se cambia. Estar en las buenas y en las malas. Porque cuando uno es leal... también es verdadero. ¿Cuáles son las personas a las que les tenés mayor lealtad?

EL PERDÓN

En **SAN JUANCITO** nació **MATÍAS FUNES.** Desde pequeño le gustaba leer todo tipo de libros, en especial los de aventuras. Le gustaba subir a las minas que iba dejando abandonadas la **ROSARIO MINING COMPANY.**

Después, cuando bajaba a su casa, comenzaba a escribir historias que daba a leer a su familia y a su mejor amigo, Rafael. ¡Todos lo animaban a que siguiera escribiendo, pues lo hacía muy bien!

Una tarde subieron otra vez a las minas, ubicadas en la aldea EL ROSARIO. Antes de entrar, Matías le enseñó unas hojas en las que estaba escribiendo algunos poemas y cuentos.

—Sos el primero en leerlos —le dijo, con una sonrisa.

Mientras Matías observaba algunas cosas que le llamaban la atención, Rafael se puso a leer.

—¡Qué bello lo que has escrito! —dijo Rafael.

—¿Quééééééééé? —gritó Matías, pues se había adentrado en la mina.

—Dije que qué bello lo que escribiste.

—Graciasssssssss.

Matías siguió en sus investigaciones cuando un fuerte "¡Noooooooo!" sacudió la mina. Pensando lo peor, corrió hacia donde estaba Rafael y lo encontró pálido.

—¡Lo siento, lo siento, se me cayeron las hojas en un charco! —dijo Rafael.

Matías, sin embargo, lo calmó con una sonrisa y un:

—No te preocupés, que me acuerdo perfectamente de lo que escribí.

—Entonces, ¿me perdonás? —preguntó Rafael.

—Claro que sí, no te preocupés. ¡Estás perdonado! Ahora, a seguir jugando.

REFLEXIÓN FINAL

Pedir perdón es tener el valor y el ánimo de corazón de reconocer un error. Pero es un proceso de dos, pues la otra persona debe dejar pasar y hacer borrón y cuenta nueva. ¿Qué hubieras hecho en lugar de Matías?

LA AMABILIDAD

Esa mañana, ALLAN COSTLY llegó tarde a la escuela. Sudoroso, entró al aula. Los zapatos estaban cubiertos de lodo.

—¡Profe, profe, lo siento! —dijo. Tomó un poco de aire y se sentó en el pupitre. La maestra sonrió, pero algunos alumnos comenzaron a reírse.

—¡Parece que lo revolcó el RÍO ULÚA! —gritó uno.

—¡Parece que cayó rodando de la MONTAÑA DE MERENDÓN! —se burló alguien más.

La maestra pidió silencio y comenzó a escribir la lección en el pizarrón. El resto de la clase transcurrió sin novedad.

En el recreo, Allan prefirió estar solo. Sin embargo, AMANDA CASTRO, una compañerita que pasaba leyendo poesía, se acercó.

—Hola, Allan... —y le ofreció una servilleta para limpiarse las manos.

Amanda se retiró y regresó con una paila con agua.

—Para que limpiés tus zapatos y los dejés como nuevos —le dijo.

Al día siguiente, la maestra les pidió a sus alumnos que escribieran sobre alguna acción amable que hubieran realizado o recibido de otros.

Esto escribió Allan: "Ayer descubrí que ser amable no es solo dar un confite, decir gracias o buenos días. Cuando me sentía un poco triste, llegó Amanda y, con su amabilidad de darme un pañuelo, agua para limpiar mis zapatos enlodados y simplemente con escucharme, me ayudó a sentirme mejor".

Y concluyó escribiendo: "Mi abuela dice que la amabilidad deja su huella en las almas y en los corazones".

REFLEXIÓN FINAL

Ser amable no cuesta nada, pero puede cambiarlo todo y hacerle el día a otras personas. ¿Quién ha sido amable con vos últimamente? Y, más importante: ¿vos con quién has sido amable?

LA EMPATÍA

El **PARQUE LA CONCORDIA** es uno de los lugares favoritos de **LUCY ONDINA MATAMOROS.** Su papá la llevaba todas las tardes, después de regresar del trabajo.

A Lucy Ondina le gustaba correr, subir y bajar por las gradas y oler las flores. También, observar los pájaros.

Un día vio que sobre un banco estaba sentada una señora de pelo blanco, sola. Su única compañía era una bolsa. ¿Qué había adentro? Todavía no lo sabemos.

—¿Quién es esa señora?

—No lo sé, hija —respondió el padre.

—Se ve muy sola.

—Podés ir a platicar un rato con ella y... —comenzaba a decir su papá, pero Lucy Ondina no lo dejó terminar y salió corriendo.

—Buenos días, señora, ¿cómo está? Mucho gusto, me llamo Lucy Ondina.

La señora levantó la vista, sorprendida, pues hacía mucho tiempo que nadie se acercaba para platicar con ella.

—Mucho gusto, me llamo **MERCEDES AGURCIA** —dijo.

Lucy Ondina se sentó a su lado.

—¿Le gustan las flores? —preguntó, señalando unas margaritas.

—Mucho. En el jardín de mi casa tengo muchísimas. Como vivo sola, sus colores son mi mejor compañía —dijo , mientras los ojos le brillaban de alegría.

Luego sacó una rosquilla de **SABANAGRANDE** y se la dio a Lucy Ondina. Comieron y platicaron como si se hubieran conocido desde siempre.

REFLEXIÓN FINAL

La empatía es la capacidad de percibir las emociones de otras personas e imaginar lo que podrían estar pensando o sintiendo. ¿Has sentido empatía por otras personas? ¿Nos podés contar más?

GUÍA

Parte 1: Comprensión (lectura)

1. ¿Qué hizo Axel en el autobús que demuestra cortesía?
2. ¿Por qué es importante respetar a los demás, según la historia de Camilo?
3. ¿Qué decisión tomó Kenny cuando encontró el dinero?
4. ¿Qué error cometió Berta y qué aprendió de eso?
5. ¿Qué hizo Mateo cuando recibió los tacos nuevos?
6. ¿Qué dificultades enfrentaba Leroy para ir a la escuela?
7. ¿Cómo logró Milagros vencer su miedo?
8. ¿Qué cambio ocurrió en la escuela gracias al "Club del Orden"?
9. ¿Qué hábito ayudaba a Salvador a ser disciplinado?
10. ¿Qué hizo Lucila cuando vio a su amiga bajo la lluvia?

Parte 2: Reflexión personal

11. ¿Qué valor te parece más importante de todos los que leíste? ¿Por qué?
12. ¿Te ha pasado algo parecido a alguna de las historias? Contalo.
13. ¿Cómo te sentís cuando alguien es amable contigo?
14. ¿Te ha costado alguna vez decir "gracias" o pedir perdón? ¿Por qué?
15. ¿Qué significa para vos ser un buen amigo?
16. ¿Creés que es fácil ser honesto cuando nadie está viendo? Explicá.
17. ¿Qué valor te gustaría mejorar en tu vida actualmente?
18. ¿Cómo reaccionás cuando alguien comete un error contigo?

Parte 3: Aplicación (pensar y actuar)

19. Escribí tres acciones concretas para practicar la cortesía en tu casa o escuela.

20. ¿Qué podrías hacer para ser más responsable con tus tareas?

21. Si vieras a alguien siendo excluido, ¿qué harías?

22. ¿Cómo podés demostrar empatía con un compañero que está triste?

23. ¿Qué significa para vos "perseverar" en algo difícil?

24. Escribí un ejemplo de generosidad que podrías hacer esta semana.

25. ¿Cómo podés mejorar tu puntualidad en la escuela?

Parte 4: Creatividad

26. Elegí un valor y escribí una historia corta (como las del libro).

27. Dibujá una escena que represente uno de los valores.

28. Inventá una frase o lema sobre la amistad, el respeto o la honestidad.

www.ingramcontent.com/pod-product-compliance
Lightning Source LLC
Chambersburg PA
CBHW060208120726
48004CB00007B/1750